$L^{12}k$
600

RELATIONS
DES
JÉSUITES

RELATIONS DES JESUITES

SUR LES

DÉCOUVERTES ET LES AUTRES ÉVÈNEMENTS
ARRIVÉS EN CANADA, ET AU NORD ET
A L'OUEST DES ÉTATS-UNIS,
(1611—1672.)

PAR LE DR. E. B. O'CALLAGHAN,

MEMBRE CORRESPONDANT DE LA SOCIÉTÉ HISTORIQUE
DE NEW-YORK, ET MEMBRE HONORAIRE DE LA
SOCIÉTÉ HISTORIQUE DU CONNECTICUT.

TRADUIT DE L'ANGLAIS AVEC QUELQUES NOTES,
CORRECTIONS ET ADDITIONS.

MONTREAL:

BUREAU DES MÉLANGES RELIGIEUX, RUE
ST. DENIS, PRÈS DE L'ÉVÊCHÉ.

1850.

AVANT-PROPOS

DU

TRADUCTEUR

Ce mémoire intéressant a demandé des recherches très-minutieuses et très-étendues. Il donne un nouvel éclat à la réputation du savant Auteur, dont le nom est déjà si honorablement connu par ses écrits historiques. Il était juste qu'un pareil travail fût publié aussi en français. Les œuvres et les hommes dont il traite, appartiennent au Canada. Ils personnifient toute une époque, qui est regardée avec raison, comme une des plus glorieuses de son histoire, et qui ne sera jamais trop connue.

Nous nous sommes permis de faire dans ce Mémoire, quelques corrections et quelques additions, sans prétendre par là rendre le travail complet. La difficulté d'avoir sous la main les documents nécessaires pour dissiper tous les doutes dans des sujets aussi variés, et surtout quand il s'agit des noms propres et des dates, expose toujours à quelques erreurs. Les changements introduits seront faciles à reconnaître par les caractères italiques qui les distinguent : mais par respect pour le travail d'un Auteur justement estimé, et pour laisser à la critique toute la liberté et l'indépendance de ses jugements, nous avons jeté en note, entre des parenthèses, le texte que nous avons cru devoir modifier. Ces taches, quand elles seraient réelles, ne détruisent pas le mérite et l'utilité de ce travail. Sa conception seule suffirait aux yeux de tout homme qui s'intéresse à l'histoire, et qui aime à en remonter le cours jusqu'à ses sources, pour donner à l'Auteur un juste titre à l'estime et à la reconnaissance de ses Contemporains.

Montréal, 1er Août 1850.

RELATIONS

DES

JÉSUITES.

En seize cent vingt cinq (*), trois Pères Jésuites, accompagnés de deux frères coadjuteurs, arrivèrent en Canada pour évangéliser les infidèles. Jusque là le Sauvage ne connaissait l'Européen que comme traiteur, toujours prêt à le tromper, ou comme aventurier armé, toujours prêt à l'opprimer.

Il vit alors pour la première fois dans ses forêts, des hommes blancs, qui n'avaient sur les lèvres que des paroles de paix et de charité,

---

(*) Il serait plus exact de remonter jusqu'en 1611, époque où arrivèrent dans l'Acadie les deux premiers Missionnaires Jésuites de toutes ces contrées du Nord de l'Amérique, les PP. Pierre Biard et Enmond Masse. Ils prirent part à la fondation de Port-Royal, et à celle de St. Sauveur à Pentagoet, aujourd'hui Mt. Desert Island. Le premier a écrit une Relation de son voyage.

(Note du T.)

qui ne portaient pour armes qu'un bréviaire et un crucifix, et dont la vocation semblait être de souffrir.

Sans avoir le secret de leur dévouement, cet enfant des forêts savait admirer le courage avec lequel ces étrangers supportaient les privations du désert, et les rigueurs du climat, et frappé de l'abnégation et de la patience que ces prédicateurs, inconnus jusque là, montraient dans toutes les difficultés qu'ils avaient à essuyer, il consentit enfin à prêter l'oreille à leur doctrine nouvelle.

Les premiers Missionnaires avaient à peine acquis une connaissance, encore incomplète, de la langue de quelques unes de ces tribus indigènes, que la Colonie tomba entre les mains des Anglais, et les travaux commencés furent arrêtés. Quand, par le traité de St. Germain-en-Laye, le pays fut rendu aux Français, les Pères reprirent leur œuvre, et continuèrent leurs premières entreprises, avec un dévouement qui leur gagna le respect universel, mais aussi avec des difficultés, capables de glacer d'effroi les cœurs les plus intrépides.

Cette population nomade (*) appelée à se soumettre à l'Evangile, habitait le pays qui s'étend depuis l'Ile d'Anticosti jusqu'au Mississipi. La partie sud du St. Laurent était occupée par les Micmacs, les Abénaquis, et les Etchemins; au Nord demeuraient les Algonquins d'en haut et les Algonquins d'en bas ou Montagnais ; à l'Ouest de Montréal, et au Nord des grands Lacs, étaient situés les Outawacks ou Ottawas, et les Hurons; tandisque les Iroquois, ou les cinq nations (†), confédérées, occupaient le pays depuis le Lac Erié à l'Ouest, jusqu'au Lac Champlain à l'Est, et depuis les sources du Susquehanna et du Delaware au Sud, jusqu'au St. Laurent au Nord.

Un pareil champ ne pouvait pas manquer d'offrir une abondante matière d'observations à un esprit réfléchi et à un œil curieux. Des

---

(*) Cette qualification est applicable aux nations d'origine Algonquine, mais non aux Hurons ni aux Iroquois, qui avaient des demeures fixes, et des villages régulièrement formés. (Note du T.)

(†) Les cinq nations étaient les Agniers, les Oneiouts, les Onontagnés, les Goiogoiens, et les Tsonnontouans. Les Anglais les ont nommées les Mohawks, les Oneidas, les Onondagas, les Cayugas et les Sénécas. On compte aujourd'hui six nations Iroquoises, parce que les Tuscaroras, nation du Sud, entrèrent dans leur Confédération dans le siècle dernier. N. du T.

hommes nouveaux et un pays inconnu, un langage et des usages nouveaux, tout demandait à être étudié, analysé, examiné et décrit ; il fallait en même temps profiter de chaque circonstance et de chaque évènement favorable, pour tirer les Sauvages de leur vie errante, et les initier insensiblement aux habitudes de la civilisation.

Heureusement les premiers Jésuites étaient des hommes de science et d'observation. Ils sentaient vivement l'importance de leu prosition, et tout en remplissant leur ministère sacré, ils prenaient note avec soin de tout ce qu'ils voyaient de nouveau, soit dans le pays, soit dans ses habitans. C'est ainsi que nous connaissons la condition des anciens indigènes de ces contrées, et les véritables causes qui les ont fait disparaître graduellement.

L'établissement de nouvelles missions conduisait nécessairement à la découverte des pays qui les environnaient. Aussi les Jésuites furent-ils les premiers à découvrir la plus grande partie de l'intérieur de ce continent. Les premiers des Européens, ils ont frayé la route pour arriver par le Kénébec, des bords du St. Laurent jusqu'aux côtes de l'Atlantique dans l'Etat du Maine (*).

Ce sont eux, qui ont étudié toutes les côtes du Saguenay, découvert le lac St. Jean, et tracé le chemin par terre de Québec à la Baie d'Hudson. Nous devons à un d'entre eux la découverte de la riche et inépuisable Source Salée d'Onondaga, évènement qui surprit tant les Hollandais de la Nouvelle Amsterdam (aujourd'hui New-York) que lorsque le P. LeMoine les en informa, ils appelèrent cette nouvelle, " un mensonge de Jésuites."

Dix (†) années leur suffirent pour explorer tous les pays depuis le Lac Supérieur jusqu'au Golfe, et pour fonder plusieurs villages de Néophytes, sur les bords des grands Lacs.

Pendant que les Hollandais n'établissaient leurs relations qu'avec les Sauvages des environs du Fort Orange, et " cinq années avant qu'Elliot de la Nouvelle Angleterre, eût com-

---

(*) La priorité dans cette démarche hardie, appartient à l'illustre Champlain, qui en 1629, envoya explorer cette route, jusqu'à la côte des Etechemins " en laquelle il avait été autrefois du tems du sieur du Mont." (Voyage de Champlain 1632. 2. vol. P. 209.)   (Note du T.)
(†) (sept)

mencé à évangéliser les Sauvages à six milles de Boston, les Missionnaires Français avaient planté la croix au Sault Ste. Marie", d'où leur vue s'étendait sur le pays des Sioux, et sur la vallée du Mississipi. L'Ouest ouvrait alors devant eux ses vastes prairies, encore inconnues. Ils découvraient les rivières Wisconsin et du Renard. Ils visitaient le pays des Illinois et ses nombreuses tribus, et enfin, dans l'année 1673, le Jésuite Marquette couronnait les travaux de son Ordre et de son siècle, par la découverte du Père des Eaux, le majestueux Mississipi.

Quelque signalés que soient les services rendus à la science géographique par ces hommes humbles, nous devons plus admirer encore la patience avec laquelle ils ont enduré les souffrances et les tortures, en travaillant à la conversion des Sauvages; elle leur a mérité une gloire immortelle.

Le Sauvage semble avoir épuisé contre eux, toute la fécondité de son génie cruel, pour inventer de nouveaux tourments. Le Mohawk surtout, surpassa ses contemporains, dans cette science, et en effet son pays est désigné dans les annales catholiques, sous le nom de " Mission des Martyrs."

Tandis que les Pères Jésuites prêchaient l'Evangile, et exploraient le pays, ils s'occupaient avec activité des moyens d'instruire la jeunesse. Le collége de Harvard, qui aujourd'hui jouit d'une si grande considération dans l'opinion publique, n'était pas encore fondé, quand René de Rohaut, *jeune novice Jésuite, donna une somme considérable pour* bâtir le Collége de Québec. A la honte et à l'opprobre éternel du Gouvernement Anglais, cet antique et vénérable édifice a été converti par lui en caserne.

Le but de cet écrit est moins de retracer leurs travaux, que de rendre leurs annales plus familières à ceux qui étudient l'histoire.

Elles forment environ quarante volumes in-12, ou petits in-octavo, sous le titre de " Rela-
" tion de ce qui s'est passé en la Nouvelle
" France ès-années......

Quelquefois le titre porte : " Relation de ce
" qui s'est passé de plus remarquable aux Mis-
" sions des Pères de la Compagnie de Jésus
" en la Nouvelle France, ès-années......

Elles commencent en 1611 et vont jusqu'en 1672, *mais avec quelques lacunes.*

Charlevoix en fait cet éloge. " Comme ces
" Pères étaient répandus dans toutes les na-
" tions, avec qui les Français étaient en com-
" merce, et que leurs Missions les obligeaient
" d'entrer dans toutes les affaires de la Colo-
" nie, on peut dire que leurs Mémoires en ren-
" fermaient une histoire fort détaillée. Il n'y
" a pas même d'autre source, où l'on puisse
" puiser pour être instruit des progrès de la
" Religion parmi les Sauvages, et pour con-
" naître ces peuples dont ils parlaient toutes
" les langues. Le style de ces "Relations" est
" extrêmement simple ; mais cette simplicité
" même n'a pas moins contribué à leur don-
" ner un grand cours, que les choses curieuses
" et édifiantes dont elles sont remplies." (*)

Aucun historien ne peut faire des recherches complètes sur les circonstances des premiers établissements de ce pays, sans les connaître, et ceux qui prétendent en être capables, sans les avoir étudiées auparavant,
ne donnent qu'une preuve de leur incapacité.

(*) Histoire de la Nouvelle France. r. XLVIII.

pour ce travail. Leur rareté est aujourd'hui en proportion de leur grand mérite. On n'en trouve pas une collection complète, même à la bibliothèque Royale à Paris (*). Southey, à sa mort possédait vingt-trois volumes, (1637-1671,) moins onze. Bohn acheta sa collection pour sept louis, sept shellings et six deniers.

Rodd, m'a-t-on dit, pense que plusieurs de ces volumes ont été supprimés, parcequ'ils ne s'accordaient pas avec les rapports faits au Gouvernement par les officiers de l'armée ou les autres fonctionnaires publics. Cependant cette opinion n'est appuyée sur aucune preuve certaine.

La Compagnie de Jésus en Canada, comme dans les autres pays, avait à sa tête un Supérieur, à qui les Missionnaires des différentes stations, envoyaient régulièrement leurs rapports. Chaque année le Supérieur adressait le sien au Provincial, *ou bien en envoyait les matériaux au Procureur de cette mission qui résidait en France*, et ces rapports forment, " les Relations des Jésuites."

(*) Faribault. Catalogue Raisonné.

Nous mettons ci-dessous les noms de ceux qui ont rempli la charge de Supérieur depuis 1611 (*) jusqu'en 1673.

Le Père *Pierre Biard*,   1611-1613
  "   (†) *Charles Lalemant*,   1625-1629
  "   Paul *Le Jeune*,   1633-1639
  "   Barthélémy *Vimont*,   1639-1644
  "   Jérôme *Lalemant*,   1644-1650
  "   Paul *Ragueneau*,   1650-1653
  "   Franç. Jos. *Le Mercier*, 1653-1656
  "   Jean *Dequen*   1656-1659
  "   Jérôme *Lalemant*,   1659-1665
  "   Fr. Jos. *Le Mercier*,   1665-1670
  "   Claude *Dablon*, (‡)   1670-1680

Quoique les notes suivantes sur les Auteurs des Relations, ne soient pas aussi complètes que je le désirerais, elles offrent cependant des détails curieux sur leur vie et sur leur travaux.

(‖) "PIERRE BIARD, d'après l'histoire de

(*) (1626.)
(†) (Philibert Noyrot). Ce Missionnaire, que le P. Charlevoix intitule Supérieur, n'était que Procureur de la Mission. Il périt dans un naufrage sur les côtes de l'Acadie en 1629.   N. du T.
(‡) (1673.)
(‖) Les Biographies des PP. Pierre Biard et ~~Louis~~ *Charles* Lalemant sont omises dans le Mémoire Anglais.   N. du T.

Jouvency, naquit à Grenoble, et entra très-jeune dans la Compagnie de Jésus. Il alla à Port royal en 1611, et prit part à la fondation de S. Sauveur à Pentagoet, en 1613. Les Anglais vinrent de la Virginie détruire cet établissement, à peine commencé.

Après avoir été maltraité indignement en haine du catholicisme et des Jésuites, le P. Biard fut renvoyé en France. Il professa 9 ans la théologie à Lyon, et mourut à Avignon, le 17 novembre 1622. Il était alors aumônier des troupes du Roi. On a de lui une " Relation de la Nouvelle France," et du voyage des Jésuites, ainsi que quelques autres ouvrages.

" CHARLES LALEMANT naquit à Paris en 1587, et entra à 20 ans dans la Compagnie de Jésus. Deux de ses frères, Louis et Jérôme, suivirent peu après son exemple, et le second travailla longtemps dans les missions du Canada.

Charles y vint le premier en 1625. Charlevoix dit même qu'il était de l'expédition de l'Acadie en 1613, pour la fondation de Pentagoet. Il traversa quatre fois l'Océan dans l'intérêt de sa chère mission, et fit deux fois naufrage. Les Anglais, l'ayant pris dans un de ses voyages, le retinrent quelque temps prisonnier. Son dernier voyage en Canada, fut en 1634. Nous le voyons l'année suivante prendre soin de la Résidence de N. D. de Recouvrance, qui s'ouvrit alors dans la basse ville de Québec, et commencer en même temps les premières écoles pour les enfans Français. C'est lui qui assista Champlain dans ses derniers moments. Plusieurs années après, il retourna en France,où il fut successivement Recteur des colléges de Rouen, de la Flèche et de Paris,et Supérieur de la Maison Professe de cette dernière ville. Il mourut, là le 18 novembre 1674, à l'âge de 87 ans."

" Le P. Charles a écrit une Relation intéressante sur le Canada, insérée sous la date du 1er août, dans le Mercure Français de 1626, et une autre lettre sur ses naufrages, que Champlain a publiée dans l'édition de ses ouvrages de 1632. On a aussi de ce Père quelques ouvrages de spiritualité."

PAUL LE JEUNE, qui peut être regardé comme le Père des Missions des Jésuites dans le Canada,sans en être cependant le premier missionnaire, naquit en 1592. En 1625, il étudia la Philosophie au Collége de LaFlèche, et ensuite la Théologie à Paris. Il fit de si rapides progrès dans ces sciences, qu'il fut choisi peu de temps après, pour Supérieur du Collége de Dieppe. Dès le début de sa carrière religieuse, il avait nourri dans son cœur le désir d'aller au Canada prêcher l'évangile aux Sauvages. Les fréquents entretiens qu'il eut à LaFlèche avec le P. Masse, qui arrivait de ces contrées d'où les Anglais l'avaient chassé, contribuèrent beaucoup à exciter son ardeur. Mais ce ne fut qu'en 1632, que ses vœux furent exaucés. Il partit de Honfleur avec le P. *de Noué* (*), le 14 de mai de cette année, aussitôt après la confirmation du traité de St. Germain, et il arriva à Québec, le 5 (†) juillet suivant. Il passa son premier hiver avec les Sauvages, dont il partagea courageusement les privations et les besoins. En peu de temps il réussit à acquérir une parfaite connaissance de leur langue, ce qui le mit à même d'écrire en Sauvage un Catéchisme pour ses néophytes.

En 1634, il établit une mission à Métaberouste, aujourd'hui les Trois-Rivières, et l'*année suivante il commença à faire l'école aux pe-*

(*) (Noué.)
(†) (Six.)

tits enfans Sauvages. C'est lui qui fit en 1635 l'oraison funèbre de Champlain.

Il remplit la charge de Supérieur de son Ordre dans le Canada depuis 1632 jusqu'en 1639, et il continua à travailler parmi les Sauvages jusqu'en 1649, époque où il retourna en France, pour être procureur des Missions étrangères.

La solidité de son savoir, et l'intégrité de son caractère, lui avaient acquis une telle considération aux yeux du Gouvernement, que la Reine mère, Anne d'Autriche, exprima un vif désir de le voir choisir pour le premier Evêque du pays, où il avait été Missionnaire pendant dix-sept ans. Cependant, les règles de son Ordre ne le permirent pas, et il mourut en France, le 7 août 1664, âgé de soixante et douze ans. Il a écrit neuf volumes des Relations. *On connait encore de lui cinq ouvrages, qui traitent de la spiritualité; l'un d'eux*, SOLITUDE DE 10 JOURS, *a été réimprimé à Rennes en 1843.*

BARTHÉLEMY VIMONT, condisciple de Le Jeune à La Flèche et à Paris, montra comme lui de bonne heure, un grand désir des missions Sauvages ; mais ce ne fut qu'en 1629, qu'il put partir de France pour trouver l'objet de ses vœux. Le vaisseau sur lequel il s'embarqua pour le Canada, attaqua en passant les Anglais établis au Cap Breton.

Le Capitaine ayant réussi à les en chasser laissa dans ce poste une garnison avec le P. Vimont. *Celui-ci retourna en France l'année suivante*, et ne revint à Québec qu'en 1639. Il partit de Dieppe le 4 mai, accompagné de plusieurs Missionnaires et de plusieurs Religieuses. Dans ce voyage, il éprouva bien des tempêtes et de grands dangers ; le vaisseau qu'il montait fut au moment d'être écrasé par un énorme glaçon. Au mois d'août suivant, il aborda à Québec, et succéda au P. Le Jeune, comme Supérieur de la Compagnie en Canada.

En l'absence du P. Jér. Lalemant, nommé pour le remplacer (*), il assista en 1645 (†), au traité de paix, conclu aux Trois-Rivières avec les *Mohawks ou Agniers* (‡). Il donna alors aux Sauvages un somptueux repas.

(*) (Pendant qu'il était en charge).
(†) (1644.)
(‡) (Cinq nations.) Les Agniers seuls concoururent à cette paix.   Note du T.

Deux années après, il alla en France pour demander une recrue de Missionnaires et de Religieuses. Il partit avec cette troupe, de la Rochelle, le 27 mai 1648, et arriva au Canada le 19 d'août. *Après avoir travaillé dans la ville et les environs de Québec, il retourna en France, le 22 octobre* 1659. Il a été Supérieur depuis 1639 jusqu'en 1644, et il écrivit, pendant qu'il exerça cette charge, six volumes de " Relations." (*)

JEROME LALEMANT, frère de Charles Lalemant un des premiers Missionnaires envoyés au Canada en 1625, et oncle du P. Gabriel Lalemant, qui obtint la palme du martyre avec le P. de Brebeuf (†), naquit à Paris en 1593, et entra dans la Compagnie en 1610. Après avoir été régent plusieurs années, et Recteur de plusieurs Colléges, il alla en 1638 (‡) chez les Hurons, comme Missionnaire, et il resta avec cette tribu jusqu'en 1645 *quoiqu'il eût été nommé dès l'année précédente, pour succéder au P. Vimont dans la charge de*

(*) (On dit qu'il mourut en juin 1658 : mais je n'ai aucune garantie de la vérité de ce fait.) Une comparaison des dates montrera que cette assertion est sans fondement. (N. du T.)
(†) (Brebœuf.)
(‡) (1640.)

Supérieur à Québec. *La lettre de nomination avait été arrêtée par les Iroquois.* Pendant qu'il remplissait cet important emploi, il prit (*) des soins extraordinaires pour établir la foi chez les cinq Nations.

En 1650 il fut obligé de retourner en Europe pour exposer à la Compagnie du Canada, quel était l'état des missions ; mais *il revint l'année suivante avec le Gouverneur de Lauson. Parti de nouveau pour la France, le 2 septembre* 1656, il fut nommé Recteur du Collége de LaFlèche. Cette position ne satisfesait pas son zèle. Il soupirait après le théâtre de ses premiers travaux, et ne cessait de demander la permission de retourner auprès de ses néophytes. L'ayant enfin obtenue, il accompagna en 1659, l'Evêque de Pétrée, et aborda pour la troisième (†) fois en Canada, où il fut encore nommé Supérieur de son Ordre.

Il mourut dans ce pays le 26 janvier 1673, à l'âge de quatre vingts ans, laissant la épruputation d'un théologien habile et profond.

(*) Cet exercice de son zèle se rapporte à sa Supériorité de 1652 à 1659.   Note du Tr.
(†) (Seconde.)

C'est à lui que les religieuses Ursulines de Québec confièrent le soin de revoir leurs Constitutions, pour les adapter aux exigences de leur position dans ce pays. Quoiqu'il eût de grands talents, et beaucoup de science, ses goûts, cependant, étaient simples, et il préféra toujours enseigner la doctrine Chrétienne aux enfants et aux néophytes. (*)

Il a écrit un volume de " Relations," outre cinq autres sur les pays des Hurons, où il était connu sous le nom de " Archiendassé". Il est Auteur de plusieurs ouvrages ascétiques, dont on trouve quelques exemplaires dans ce pays. (†)

PAUL RAGUENEAU (‡), qui succéda au

(*) " Ménologe de la Compagnie de Jésus." Paris 1844. M. S. Cet ouvrage se trouve au collège de St. Jean, Fordham, où les Pères ont bien voulu me permettre de le consulter. Dans une Liste du Clergé Catholique du Canada, publiée, avec permission, à Québec, la date de la mort du P. Lalemant est fixée au 29 mai, 1668 ; c'est une erreur.

(†) Il est à craindre qu'il n'y ait ici confusion entre le P. Jérôme Lalemant, et ses deux frères Charles et Louis dont les ouvrages ascétiques sont bien connus, tandisqu'on n'en cite pas du premier.   Note du Tr.

(‡) Ce Père ne doit pas être confondu avec le P. Jean Ragueneau, qui d'après Ducreux (Historia Canad. p. 17) partit de France avec le P. Charles Lalemant dans son voyage de 1628, et tomba comme lui entre les mains des Anglais. Le Père Paul ne pouvait pas être prêtre à cette époque.   (Note du Tr.)

P. Jér. Lalemant (*) dans l'emploi de Supérieur des Jésuites en Canada, naquit à Paris, en l'année 1605. Envoyé au Collège de Bourges pour enseigner une basse classe, il eut le bonheur d'y finir ses études sous la direction du P. Louis Lalemant, qui avait la réputation d'être le plus habile maître qu'eût alors la Compagnie en France. Les progrès qu'il fit dans la spiritualité, furent des plus remarquables, et après avoir été ordonné prêtre, il pria aussitôt ses Supérieurs de l'envoyer dans les missions des Sauvages. Ses vœux furent exaucés, et en 1636, il quitta la France pour le *Canada où il arriva le 28 juin. Il se rendit, l'année suivante au pays des Hurons, où il fut nommé Aondécheté.* Trois ans après, *il descendit aux Trois-Rivières,* et le Chevalier de Montmagny le chargea d'une ambassade, vers (†) un parti d'Iroquois campés près delà; mais en

---

(*) Charlevoix (I. 323), dit que le P. Le Mercier succéda au P. Lalemant en qualité de Supérieur ; mais Ducreux qui suit plus fidèlement les " Relations," assure que de fut le P. Ragueneau.

(Cette contradiction apparente disparaît quand on a égard aux différents voyages du Père J. Lalemant. Le P. Ragueneau fut son successeur le 1er novembre 1650, mais le P. J. Lalemant ayant été de nouveau Supérieur à son dernier retour en Canada, le P. Le Mercier lui succéda le 6 août 1665.) MS. Contemp. (N. du T.)

(†) (Chez les Iroquois).

1641 (*), il retourna chez les Hurons, où il resta jusqu'en 1650, époque où il conduisit à Québec les restes de cette Nation, autrefois si nombreuse. *Il prit alors le Gouvernement de la Mission. Il fut remplacé par le P. Le Mercier en 1653.*

Après avoir travaillé plusieurs années à la conversion des Hurons et des Iroquois, et avoir enduré les fatigues et les peines inséparables d'une telle vie, il retourna en France en 1666, et il fut nommé Procureur des Missions. Il termina à Paris le 3 septembre 1680, une vie si pleine de bonnes œuvres et de mérites. Il était âgé de soixante-quinze ans. Sa confiance en Dieu était admirable, et son détachement des choses de la terre était parfait. Les PP. Joseph Poncet et François Le Mercier qui avaient partagé ses travaux, disaient de lui, qu'aucun Missionnaire n'avait plus contribué à l'avancement du Christianisme dans le Canada, ni mieux mérité le titre d'apôtre (†).

(*)- (1644-45).
(†) " Menologio di pie memorie di alcuni religiosi della Compagnia di Gésu, raccolte dal P. Guiseppe A. Patrignani, S. J..... dall'anno 1538, all'anno 1728..... Vol. IV. 4 to. Venezia, 1730.

Charlevoix rend le même témoignage à ses utiles travaux, et à son habileté dans la direction des missions. Comme écrivain, il a laissé une *vie de la Mère Catherine de St. Augustin,* qui n'a pas cependant reçu l'approbation de tout le monde. Il a écrit quatre volumes des "Relations" et une notice très-intéressante sur la vie et les travaux du P. Jean de Brebeuf.

JEAN DE BREBEUF. Cet illustre Missionnaire naquit dans le diocèse de Bayeux, en Normandie, le 25 mars 1593, d'une famille noble, qui a, dit-on, été la souche de la maison d'Arundel en Angleterre (*).

Porté vers la vie religieuse dès sa jeunesse il entra dans la Compagnie, le 5 octobre 1617.

"Quand le duc de Ventadour eut acheté par des motifs de zèle, la vice royauté du Canada, il manifesta son affection envers les Jésuites par le choix qu'il en fit pour concourir avec les Récollets à la conversion des Sauvages."

Je dois à la bonté et à la politesse du R. P. Jacques A. Ward. S. J. vice recteur du Collége de Georgetown la traduction de la biographie du P. Ragueneau qui se trouve dans cet ouvrage.
(*) Biographie Universelle. *Verbo.*

Le P. de Brebeuf désigné (*) par le R. P. Coton, alors *Provincial* (†) de la Compagnie à Paris, fut du nombre des cinq premiers missionnaires Jésuites, qui vinrent avec Champlain en 1625. Après avoir passé l'hiver suivant parmi les Montagnais, il fut envoyé en 1626 par son Supérieur, le P. *Charles Lalemant* (‡) chez les Hurons, dont il fut le premier missionnaire Jésuite.

Ses travaux furent arrêtés peu d'années après, par la reddition du pays aux Anglais sous Kerk.

Pendant son séjour parmi les Hurons, il acquit une connaissance si parfaite de leur langue, qu'il traduisit en Huron, l'abrégé de la doctrine chrétienne du P. Lédesma; cette traduction avec le Français en regard a été publiée par Champlain à la fin de l'édition de ses voyages de 1632. Après la restitution du Canada, le P. de Brebeuf retourna dans ce pays, en 1633, et, en 1634, il se mit en route

---

(*). (A la prière de la Comtesse de Guercheville, qui s'intéressait beaucoup aux Missions des Jésuites).
(†) (Général.)
(‡) (Philibert Noyrot)

pour le théâtre de ses premiers travaux, où les Sauvages lui donnèrent le nom d'Echom.

Deux années après, il écrivit son traité sur la langue Huronne, traduit récemment par l'hon. Albert Gallatin, et publié dans le second volume des Mémoires de la Société des antiquités Américaines.

En 1640 (*), suivi du P. *Chaumonot*, (†), il annonça l'Evangile aux Sauvages de la nation Neutre. *Il descendit à Québec en 1641, et y resta jusqu'en 1644, époque de son troisième voyage chez les Hurons.* Une vie si utile fut trop tôt ravie. Un parti d'Iroquois attaqua le village Huron, où demeuraient les PP. de Brebeuf et Gabriel Lalemant que les Hurons avaient nommé Atironta.

Ils les firent prisonniers, et les mirent à mort dans les plus affreux tourments. Celle du P. de Brebeuf arriva le 16, et celle du P. Lalemant, le 17 mars 1649. Chose étonnante, l'un des principaux bourreaux, chef Mohawk, (‡) nommé " la Cendre Chaude," embrassa de-

---

(*) (1643.)
(†) (Chamonot.)
(‡) Selon un Missionnaire ancien il était de la tribu d'Oneida.
(N. du T.)

puis le Christianisme. Il s'efforça par son zèle d'effacer son crime, et peu de Missionnaires, ont fait plus de conversion que lui, parmi les Sauvages. Il fut tué dans le pays des Sénécas en 1687, en combattant avec les Français sous Dénonville, contre les cinq nations. Quand le P. de Brebeuf reçut la couronne du martyre, il était âgé de cinquante six ans, et on dit qu'il convertit plus de sept mille âmes pendant les *vingt* (*) années qu'il travailla dans les missions. Il n'a écrit que deux Relations sur les Hurons. Son neveu, Guillaume de Brebeuf est bien connu dans la carrière des lettres, comme traducteur de la Pharsale de Lucain, et comme auteur de différens autres ouvrages.

FRANÇOIS JOSEPH LE MERCIER vint en Canada en 1635, (†) et partit aussitôt pour le pays des Hurons, où il fut connu sous le nom de *Chauosé* (‡) *et aussi sous celui de Te-*

(*) (Quinze.)
(†) Dans la Liste du Clergé Catholique du Canada, dont on a déjà parlé, on lit que ce P. arriva en 1650. Ce n'est pas exact. On y trouve plusieurs autres erreurs, qui la rendent inutile pour mon travail.
(‡) Agochiendagueté donné par l'auteur n'est que le nom d'un Capitaine d'Onnontagué, qui se trouva en rapport à cette époque avec les Français. (Rel. 1656-57.)

harouhiáganuera (*). Il passa *bien des années* (†) dans cette tribu, et remplaça le P. Ragüeneau, comme supérieur, de 1653 à 1656. Dans le désir d'établir la foi à Onondaga, il résigna sa charge, avant l'expiration des trois années et accompagna, en qualité de Missionnaire le Capt. Dupuis et sa colonie qui allaient fonder un nouvel établissement auprès des Sources Salées. *Les Iroquois donnèrent à ce Père le nom de Achiendasé.* (‡) J'ai malheureusement très peu de matériaux en mains pour sa notice biographique. *Après avoir été chargé de la mission des Trois-Rivières pendant trois ans*, il redevint Supérieur général pour la seconde fois; *le 6 août* 1665, (‖) et il remplit cet emploi jusqu'en 1670. *Il quitta ensuite le Canada et fut envoyé aux Iles d'Amérique où il fut encore longtemps supérieur et où il mourut en odeur de sainteté.*(¶)

Les six volumes des "Relations" qu'il a écrits, sont très intéressants, à cause de la connaissance qu'ils donnent des pays de

---

(*) Relal tion 671-72.)
(†) (3 ans.)
(‡) Rel 1656-57.
(‖) (En 1664.)
(¶) Vie de la M. Marie de l'Incarnation.

l'ouest. Ils contiennent peut-être la plus ancienne indication des mines de cuivre du Lac Supérieur, qui fixent aujourd'hui à un si haut point l'attention publique.

JEAN DEQUEN (*) accompagna le P. Le Mercier au Canada en 1635. *Il fut alors chargé de faire l'école aux jeunes Français* de Québec. *Attaché à cette Mission, il alla plusieurs fois faire des courses apostoliques aux Trois-Rivières et jusqu'à Tadoussac* Voulant porter l'Evangile plus au nord, il remonta le Saguenay, et découvrit en 1652 le Lac Pagouami, (†) aujourd'hui appelé Lac St. Jean.

Il succéda en 1656 au P. Le Mercier dans la charge de Supérieur, et envoya des Missionnaires chez les les Ottawas. Ceux-ci furent attaqués par les Iroquois *à l'entrée* (‡) du Lac des Deux-Montagnes, près de Montréal et le P. *Léonard* (||) Garreau de Limoges, *grièvement blessé* (¶) *par eux* vint mourir à Mont-

---

(*) (De Quien ou de Quesne.)
(†) Les manuscrits autographes contemporains écrivent Peok8agamy, Pak 8agamie. (N. du T.)
(‡) (En traversant.)
(||) (Louis.)
(¶) (Fut tué.)

réal. Le P. Dequen n'a laissé qu'une Relation. Elle renferme néanmoins des détails très-importants sur l'établissement des Français à Onondaga. *Il mourut (†) à Québec, victime de son zèle dans une épidémie, le 8 octobre 1659.*

CLAUDE DABLON arriva au Canada en 1655, et fut immédiatement choisi pour aller à Onondaga. L'année suivante, il retourna à Québec pour chercher du secours, et quoiqu'il eût éprouvé de grandes fatigues pendant son voyage sur la rivière, il accompagna le P. Le-Mercier et le Cap. Dupuis aux Sources Salées ; mais une conspiration des Sauvages fit échouer cet établissement, et le P. Dablon revint de nouveau à Québec.

En 1661, il essaya avec le P. Druilletes de pénétrer par le Saguenay, et de là par terre jusqu'à la Baie d'Hudson : l'approche des Iroquois l'empêcha d'aller au delà des sources de Nekouba, éloignées de 100 lieues du Lac St. Jean.

En 1668, il fut envoyé avec le Père Mar-

(†) (On dit qu'il mourut le 17 septembre.)

quette à la Mission du St. Esprit dans le Lac Supérieur. Ensuite il établit celle du Sault Sainte-Marie. (*)*Il fut alors nommé Superieur-général, et, dès 1670 (†), il était à son poste à Québec. Pendant plusieurs années, et à deux reprises, il fut chargé de cette Supériorité ; nous le voyons encore en fonction en 1688 (‡).*

Il envoya en Europe les deux derniers volumes des "Relations." Les connaissances géographiques qu'elles renferment sur le pays situé au Nord de Québec, et à l'Ouest des grands Lacs, leur donnent une très-haute importance.

Les matières dont traitent les volumes publiés par ces Missionnaires, sont, comme on doit le

---

(*) (En 1671, Pendant que ce dernier allait à la découverte du Mississipi, il explora cette partie du Wisconsin qui est située au Sud de " La Grande Baie" maintenant appelée "Green bay," par suite de la mauvaise prononciation de son nom français, *Grande Baie*. Il monta la rivière du Renard jusqu'au Lac Winnébago, et annonça l'Evangile aux Pottawatommies, et aux tribus voisines.)

Il y a évidemment méprise et confusion de noms et de dates dans ce passage que nous retirons du texte : car le P. Dablon en 1671 était Supérieur à Québec, et ce ne fut qu'en 1673 que le P. Marquette partit pour sa découverte. Enfin les excursions Apostoliques faites à cette époque dans la Baie et au delà, appartiennent au P. Allouez. Relation 1669-70. (N. du T.)

(†) (1672-73.)

(‡) (Et on dit qu'il mourut le 9 Février 1680.)

penser, très-variées. Ceux qui n'ont pas lu l'ouvrage peuvent s'en former une idée par le catalogue suivant.

Catalogue Raisonné.

1611.

" BIARD. (Le P. Pierre.) " Relation de
" la Nouvelle France et du voyage que les Jé-
" suites y ont fait." Lyon 1612 et 1616 in-32.

" Il fait la description de son voyage et de
" ses travaux. En parlant de la nature du pays,
" il indique le charbon de terre et les autres ri-
" chesses minérales et végétales de la contrée.

1626.

" LALEMANT. (Le P. Charles.) Sa Rela-
" tion est une longue lettre adressée à son frère
" Jérôme, et insérée dans le Mercure Français,
" année 1627-28. Paris 1629. Elle donne
" quelques détails sur les mœurs, les coutu-
" mes des Sauvages et sur la nature du pays.
" Elle annonce le départ du P. de Brebeuf
" pour la nation huronne, et le changement
" fatal qu'avait subi le commerce, depuis
" qu'il était devenu un monopole.

1632.

LE JEUNE, (Le P. Paul). " Briève Relation du voyage de la Nouvelle France, fait au mois d'Avril dernier" : Paris, 1632.

D'après Charlevoix, c'est la première Relation. Les Anglais sous Kerk, s'étaient emparés du Canada en 1629. Ils le rendirent l'année du départ du P. Le Jeune pour ce pays, d'où il envoya les matériaux pour ce volume. Il contient bien des détails intéressants sur la Nouvelle France, et sur les sauvages que l'Auteur vit pour la première fois. Il y a une copie de cette lettre, *à ce qu'on croit*, dans le Mercure Français de 1632. *On y raconte comment Thomas Kerk qui commandait à Québec pour les Anglais, remit le Fort et le pays entre les mains du Sieur Emery de Caen et du Sieur Du Plessis Bochart, son lieutenant, chargé par le Roi d'en reprendre possession.*

1633.

(Le même). " Relation de ce qui s'est passé en la Nouvelle France" : Paris, 1634. 216 pages.

Cette lettre, qui a été aussi imprimée, mais

en abrégé, dans la Mercure Français de 1633, entre dans bien des détails sur les Sauvages du Canada, et raconte les impressions que fit sur leur esprit la vue des premiers Européens et de leurs vaisseaux.

Il y a dans le même volume du Mercure, une Relation, *sans nom d'auteur*, du voyage de Champlain au Canada, (*) *pour en prendre le Gouvernement à la place d'Emery de Caen, à qui les Anglais l'avaient remis l'année précédente.*

1634.

(Le même). " Relation etc." Paris, 1635, 342 p.

Ce volume donne des détails sur la vie privée de Champlain. Il parle aussi des travaux des premiers Missionnaires : des mœurs et des usages des Algonquins-Montagnais ; il fait connaître leurs vices et leurs vertus, leur nourriture, leurs fêtes, et leurs ornements, etc. Le 9e chapître est consacré à la langue des Indigènes. Cette Relation finit par le Journal du P. Le Jeune depuis le mois

―――――――――――――

(*) (Pour reprendre de la main des Anglais la possession du pays.)

d'Août 1633, jusqu'en Avril 1634. Il passa ce dernier hiver avec les Sauvages.

1635.

(Le même). " Relation, etc." Paris, 1636, 246 pages.

Après avoir donné quelques détails sur les progrès de la foi, et montré les avantages que l'Ancienne et la Nouvelle France peuvent tirer de l'émigration, ce volume contient une Relation, où le P. de Brebeuf raconte ce qui s'est passé dans le pays Huron. *Ce volume se termine par quelques sentiments pieux tirés des lettres des Missionnaires, et par le vœu qu'ils firent à la Ste. Vierge pour le succès de ces Missions.*

Il renferme aussi des renseignements sur le cap Breton, et sur ses habitans, donnés par le P. Julien Perrault.

1636.

(Le même). " Relation etc." Paris 1637. 272 et 223 pages.

Outre le récit des efforts que font les Jésuites, pour convertir les Sauvages, nous y lisons des détails sur la mort de Champlain, sur l'état du pays, et des informations utiles pour ceux qui veulent émigrer. " Le P. Le Jeune " fait connaître l'existence du charbon de terre " et du plâtre dans le pays, et donne de cu- " rieux détails sur l'Histoire Naturelle."

La seconde partie est la Relation du pays, des Hurons écrite par le P. de Brebeuf. Le 4e chapitre dont nous avons déjà parlé, est un traité sur la langue Huronne. On y trouve un long exposé des idées des Hurons sur la création et l'immortalité de l'âme, sur leurs superstitions, leur police, leur gouvernement, leurs sépultures et sur les fêtes des vivants et des morts.

1637.

(Le même). "Relation etc," Rouen, 1638, 336 et 256 pages.

Dans ce volume, *comme dans plusieurs autres*, il y a deux parties. La première traite du secours que l'Ancienne France fournit à la Nouvelle, et des progrès des Missions. Elle contient quelques détails sur le séminaire que les Jésuites avaient établi près de Québec, pour l'instruction des jeunes Hurons.

" On y voit une gravure représentant le feu
" d'artifice, fait à Québec à l'occasion de la
" fête de St. Joseph. Le P. Déquen annonce
" la destruction de la Mission de Miskou par
' le scorbut; et la mort héroïque de son Mis-
" sionnaire, le P. Turgis."

La seconde partie, qui regarde exclusivement les Missions Huronnes, a été écrite par le P. Frs. Jos. Le Mercier, Missionnaire de cette tribu.

1638.

(Le même). " Relation etc." Paris, 1638. 78 et 67 pages.

La première partie de ce volume décrit les moyens employés pour répandre l'Evangile parmi les Sauvages ; elle a aussi des détails sur le Séminaire Huron, et sur l'inutilité complète des efforts qu'on fit pour l'instruction des jeunes Sauvages.

Dans la dernière partie le P. Franç. Le-Mercier, donne la Relation *de la Mission Huronne.* On y voit des détails sur les persécutions que les Jésuites eurent à souffrir dans ce pays, et sur l'Eclipse de lune qui eut lieu en Canada le dernier de Décembre 1637.

1639-40.

VIMONT (Le P. Barthelémy), " Relation" etc. Paris, 1641, 197 et 196 pages.

La première partie ne contient qu'une description de l'état de la colonie et des Missions. La seconde partie, écrite par le P. Jér. Lalemant, traite des Hurons et de la persécution continuelle que les Jésuites avaient à souffrir de cette tribu. "Il est fait mention " d'une carte des contrées de l'Ouest tracée " par le P. Ragueneau, et on y trouve les pre- " miers indices de l'existence du fleuve Mis- " sissipi, que les Missionnaire formaient déjà " le projet d'explorer."

1640-41.

(Le même). "Relation etc." Paris, 1642. 216 et 104 pp.

La première partie contient des particularités sur les établissements religieux en Canada, et d'autres nouvelles sur les Missionnaires. Elle donne aussi quelques détails sur les incursions des Iroquois dans le pays des Français ; sur les progrès de la guerre, les négociations de paix avec les cinq Nations, et sur l'établissement de la Mission de Tadoussac. La seconde partie n'est qu'une continuation de la Relation Huronne par le P. Jérôme Lalemant. Elle fait connaître les progrès de la Mission parmi les tribus *voisines et surtout dans la Nation neutre. C'est dans cette Relation que se trouve mentionnée pour la première fois la Rivière de Niagara, sous le nom de Onguiaahra ; on voit à la fin une longue prière en Huron, avec le Français interlinéaire, pour donner une idée de cette langue.*

1641-42.

(Le même). " Relation" etc ; Paris, 1643. 191 et 170 pp.

Ce volume contient une relation de l'état du pays en 1642, la fondation de Montréal, la prise du P. Jogues par les Mohawks, et les détails de l'Eclipse de lune qui arriva le 4 avril 1642.

La dernière partie, qui est la Relation des Hurons, est du P. Jérôme Lalemant.

1642-43.

(Le même). " Relation" etc. Paris, 1644. 329, pages.

Dans ce volume se trouve une lettre d'un jeune néophyte écrite en Algonquin avec une traduction interlinéaire,—une relation de la fondation de Sillery, et les détails de la Mission de Tadoussac et de Montréal,—de plus, une lettre du P. Jogues du 30 Juin 1643, adressée du pays des Mohawks au Gouverneur des *Trois Rivière*, (*)—une autre du même, datée de Rensselaerswick, le 30 Août 1643,—et trois autres écrites par le même, à son retour en France en 1644. Elles donnent toutes trois des détails sur sa prise, sur ses souffrances, et enfin sur son évasion, grâce aux Hollandais.

1643-44.

(Le même). "Relation" etc ; Paris, 1645. 256 et 147 pp.

Outre les particularités intéressantes sur la propagation de la foi, nous avons de plus, une relation de la prise du P. Bressani, des souffrances que les Mohawks lui firent endurer, et de sa délivrance par le moyen des Hollandais.

Le P. J. Lalemant raconte dans la se-

(*) (du Canada.)

conde partie, la guerre faite par les cinq Nations contre les Hurons. Il y a une faute dans la pagination de la dernière feuille de cette Relation. Il faut lire 147, au lieu de 174.

1644-45.

(Le même). "Relation" etc. Paris, 1646, 183 p.

Les six premiers chapîtres sont consacrés aux missions ; viennent ensuite des particularités sur les incursions des cinq Nations en Canada, et sur les négociations faites plus tard pour la paix. Ce volume finit par la Relation du P. Jér. Lalemant, datée du pays des Hurons.

1645-46.

LALEMANT. (Le P. Jérôme), "Relation" etc. Paris, 1647. 184 et 128 p.

Elle décrit le caractère des Iroquois, leurs négociations avec les Français, et le commencement des missions des Jésuites dans leur pays ; elle contient en outre le journal de la seconde visite du P. Jogues, et *son départ pour sa troisième visite au pays des Mohawks*, appelé depuis lors la Mission des Martyrs. On y voit que le nom Iroquois de la rivière Hudson était Oiogué, et celui du Lac George, Andiatarocté, (ce qui veut dire *l'endroit où le Lac se ferme*) ; et que ce dernier reçut alors du P. Jogues le nom de Lac Saint Sacrement, parcequ'il y arriva la *veille* (*) de la Fête Dieu. Le P. Ragueneau termine ce volume par sa Relation sur les Hurons.

1647.

(Le même)."Relation" etc. Paris, 1648. 276 p.

Elle contient d'autres détails sur le séjour du P. Jogues parmi les Mohawks, sur sa délivrance en 1643, sur son 2e et son 3e voyage dans cette tribu en 1646, et sur sa perte déplorable. Il y a de plus, une Relation des missions chez les Abénaquis, et dans d'autres tribus.

1647-48.

(Le même). "Relation" etc. Paris, 1649. 158 et 135 p.

Après le récit de quelques évènements

(*) (Le jour).

qui s'étaient passés entre les Iroquois et les Français, on y voit aussi des particularités sur les travaux du P. Gabriel Druilletes (*) l'apôtre des Abénaquis.

Le P. Ragueneau a écrit la Relation Huronne, partie la plus intéressante de ce volume, à cause des précieuses connaissances géographiques qu'elle donne sur les grands lacs (Supérieur, Huron ou Merdouce, Michigan on Lac Illinois, Erié, et Ontario), et sur les diverses tribus qui habitent leurs rivages. Le territoire des cinq Nations y est désigné avec beaucoup d'exactitude, et on y lit aussi quelques détails sur les Délawares, (†) et sur la colonie de la Nouvelle Suéde, où les Européens " s'occupent plus du commerce des pelleteries que de l'instruction des Sauvages." L'ensemble de ce volume montre évidement une habitude d'observation, et un jugement tout à fait honorable à l'Ordre des Jésuites.

(*) Dreuillettes.)
(†) Ils n'étaient connus alors que sous le nom des Andastoes, peuple qui vivait à l'embouchure du Susquehanna et du Potomac. (N. du Tr.)

1648-49.

RAGUENEAU (Le P. Paul) " Relation etc. aux Hurons, Pays de la Nouvelle France, ès-années 1648, 1649": Lille, 1650. 121 p.

L'exemplaire qui se trouve dans le Collége d'Harvard, est, dit-on, imprimé à Lille, et contient 121 p. Il y en a d'autres qui sont imprimés à Paris, et ne contiennent que 103 p. C'est un rapport sur les missions Huronnes seulement, et ce volume renferme une relation de la mort horrible que les Sauvages firent subir aux PP. de Brebeuf et Gab. Lalemant.

1649-50.

(Le même.) " Relation aux pays plus bas de la Nouvelle-France depuis l'esté de l'année 1649 jusques à l'esté de l'année 1650." Paris, 1651. 187 pp.

Ce volume (*) contient une relation des missions parmi les Hurons, le massacre des PP. Charles Garnier et Noël Chabanel, la destruction des Hurons par les Iroquois

---

(*) (Signé " H. Lalemant.")

et l'établissement de la colonie Huroue près de Québec. *A la fin du volume on voit une lettre du P. Jér. Lalemant, du P. Buteux, et du P. de Lyonne.*

1650-51

(Le même.) " Relation ", etc. Paris, 1652 146 p.

Ce volume traite de l'état de la colonie française en Canada, et des missions de tout le pays.

1651-52.

(Le même) " Relation, etc." Paris 1653, 200 p.

Cette Relation contient un récit du meurtre du P. Buteux, et des détails sur les Missions Sauvages et entre autres sur celle des Abénaquis. Le 9e chapitre traite de la guerre entre les Iroquois et les Français. Ce volume se termine par une vie de la Mère Marie de St. Joseph, qui venait de mourir, écrite par la Mère Marie de l'Incarnation, Supérieure du Couvent des Ursulines à Québec.

(*Sans nom d'Auteur.*) (*) " Relation etc." Paris 1654, 184 p.

Elle renferme les évènements qui eurent lieu pendant l'année à Montréal et aux Trois-Rivières, la prise du P. Poncet par les Mohawks, sa visite au Fort-d'Orange, et le traité de paix avec les Iroquois.

1653-54.

LE MERCIER (Le P. Franç.). "Relation," etc. Paris. 1655, 176 p.

Négociations entre les Français et les cinq Nations etc ;—journal du voyage du P. Le Moyne à Onondaga ;—traité de paix qui s'y conclut ;—découverte des sources salées. Ce volume contient en outre, une lettre en huron avec la traduction, adressée aux *Méssieurs de la Congrégation de la Ste. Vierge de la maison professe* (†) de Paris, par les Congréganistes Hurons de l'île d'Orléans. Elle avait

---

(*) (Le Mercier Jos. Fr.)
Cette Relation, précédée d'une dédicace écrite par le P. Le Mercier, fut rédigée en Europe, sur les documents qu'il avait envoyés. (N. du Tr.)
(†) (Pères).

été écrite sur un morceau d'écorce de bouleau.

1654-55.

Je n'ai pu trouver, malgré mes recherches, aucun exemplaire de Relation pour cette année, soit en Canada, soit dans ce pays ; mais si elle trouve dans la bibliothèque royale à Paris, ou dans quelque établissement à Londres, des ordres précis ont été donnés de la copier pour Jean Carter Brown, écr., de la ville de Providence, dont la collection compte déjà trente deux volumes.

1655-56.

DEQUEN (le P. Jean). " Relation, etc." Paris. 1657, 168 p.

Elle contient le voyage du P. Le Moyne chez les Mohawks, la fondation du premier établissement Français à Onondaga, l'origine de la guerre entre les cinq Nations, et les Eriés ou les Chats, l'arrivée d'une députation d'Outaouaks (Ottawas) à Québec, leur départ, et le meurtre du P. Garreau.

1656-57.

LE JEUNE (*) (Le P. Paul). " Relation, etc." Paris. 1658, 211 p.

(*). Il était alors, en France, procureur des missions du Canada.   (N. du Tr.)

Elle parle des ambassadeurs Sénécas envoyés aux Français, et massacrés par les Mohawks,—des Missionnaires envoyés aux Sénécas, en septembre 1655;—d'une autre ambassade des Sénécas qui eut lieu l'année suivante,—de l'établissement des missions dans cette tribu, et dans celle de Cayuga. Elle contient en outre le journal du voyage du Capitaine Dupuis et des Jésuites, en 1656, chez les Onondagas;—la prise de possession de ce pays par les Français;—la description des sources salées sur les bords du Lac Gannentaa, aujourd'hui lac Onondaga;—la relation de la visite du P. Le Moyne chez les Mohawks. Elle donne les limites du pays des cinq Nations, et des détails sur ces tribus, sur leurs mœurs, leurs habitudes, et sur les succès qu'y obtint l'Evangile.

1657-58.

(*Sans nom d'Auteur*). (*) " Relation," etc. Paris. 1659, 136 p.

Ce volume contient le récit de la retraite

(*) (P. Paul Ragueneau.) Cette Relation rédigée en France, comme le prouve le contexte du chapître VIII, contient, il est vrai, deux lettres du P. Ragueneau, mais comme simple document. N. du T.

des Français d'Onondaga; de plus une lettre du P. Le Moyne, datée de la Nouvelle Hollande, du 25 mars 1658; la description de différens chemins pour aller à la Mer du Nord, ou Baie d'Hudson; et l'énumération de plusieurs tribus récemment découvertes. *Le 7e chapître renferme un curieux parallèle entre les usages des Européens et ceux des Sauvages.*

1658-59.

La remarque que nous avons faite sur le Vol. de 1654-55, convient aussi à celui de l'année 1658-59.)

1659-60.

(*Sans nom d'Auteur*). " Relation etc." Paris. 1661, 202 p.

Elle donne une description du pays des cinq Nations, et le recensement de chaque tribu. On y voit aussi la relation des découvertes dans la rivière Saguenay et la Baie d'Hudson, la défaite complète des Hurons, " et de
" curieux détails sur les richesses minéralo-
" giques du Lac Supérieur, sur la position pro-
" bable de la mer de l'Ouest, et sur des nations

" à l'ouest du lac Supérieur qui emploient le
" charbon de terre au lieu de bois."

1660-61.

(*Sans nom d'Auteur*). (*) "Relation," etc. Paris. 1662, 213 p.

Reprise de la guerre entre les Iroquois et les Français.—*Meurtre de M. Le Maître prêtre de St. Sulpice.*—Traité de paix avec les Iroquois de Cayuga et d'Onondaga, et rétablissement des missions parmi eux.—Nouvelle mission chez les Kilistinons sur la Baie d'Hudson.— Journal de la première visite des Français dans ce quartier, et dangers du voyage. Dans la dernière partie de ce volume, se trouve aussi une lettre du P. Le Moyne au P. J. Lalemant son Supérieur,—deux autres lettres sur de l'écorce adressées du pays des Mohawks au P. Le Moyne à Onondaga,—et une troisième écrite sur du papier à cartouche par un français ; enfin une lettre de ce *dernier prisonnier* (†) à sa mère, et une autre d'un prisonnier

---

(*) (Le Jeune P. Paul.)
(†) (Du P. Le Moyne.)

François chez les Mohawks, à son ami aux Trois-Rivières.

1661-62.

LALEMANT (P. Jérôme). " Relation" etc. Paris. 1663, 118 p.

Mésintelligence continuelle avec *deux* des nations iroquoises;—*M. Vignal, prêtre Sulpicien, tué par les Iroquois* ;—Hivernement du P. le Moyne parmi les Iroquois d'en haut (Sénécas); —son retour ;— délivrance de dix-huit captifs Français ;—plusieurs meurtres commis par les Sauvages.

1662-63.

(Le même). " *Relation* " etc. Paris. 1664, 169 p.

Description de quelques phénomènes météorologiques,—grand tremblement de terre en 1663, et éclipse de soleil du 1er septembre de cette année,—*guerre continuelle des Iroquois,—Mission des Outaouaks,—mort héroïque du P. René Menard.*

1663-64.

(Le même). "Relation" etc Paris. 1665: 176 p.

Elle contient des détails sur les missions chez les Hurons, les Algonquins, et les cinq Nations —sur la guerre entre les Mohawks, les Mohegans, et les Abénaquis. Elle donne de plus une relation de l'ambassade que les Iroquois, alarmés à la vue des préparatifs que fesaient les Français, leur envoyèrent pour conclure la paix.

1664-65

LE MERCIER (le P. Fran. J.)." Relation," etc. Paris, 1666. 128 p. avec une carte du pays Iroquois.

Gouvernement du Marquis de Tracy ; ses négociations avec les Iroquois ; description de leur pays, et de différentes routes pour y aller; force numérique de chacune des cinq Nations. Il y a de plus dans ce volume diverses particularités sur les comètes qui se montrèrent en Canada en 1664-65,—*sur la mort cruelle que souffrit M. Vignal,—et sur les hivernements du P. Nouvel avec les Sauvages.*

1665-66.

(Le même)."Relation" etc. Paris. 1667, 47 p.

Il n'y a, à ma connaissance, qu'un exemplaire de ce volume dans ce pays. Quoiqu'il n'ait que trois chapîtres, et très-peu de pages, cependant il contient des particularités fort intéressantes sur les expéditions des Français en 1666.

De Courcelle était à la tête d'une des ces expéditions. Parti en Janvier contre les Onéidas et les Mohawks avec 500 hommes, il alla et revint avec eux en raquettes de Québec à Schénectady, distance de 120 lieues. L'autre expédition fut conduite par le Marquis de Tracy, alors octogénaire. Il marcha au mois de Septembre suivant contre les Mohawks. Dans la table des matières, il est fait mention, d'une "*Lettre de la Révérende Mère Supérieure des Religieuses Hospitalières de Kébec*" en la Nouvelle France, du 3 oct. 1666 ; mais elle n'est pas imprimée dans ce volume.

" Ce Volume a une carte qui représente le plan des trois forts bâtis alors par les Français sur la Rivière Richelieu, le fort Richelieu à Sorel, le fort St. Louis à Chambly, et le fort Ste. Thérèse dans une île plus haut."

1666-67

(Le même)."Relation" etc. Paris, 1668. 160 p.

Détails sur la mission du P. Allouez aux Outaouaks, sur les mœurs et les usages de cette tribu. Elle contient encore une relation des missions chez les Pottawatomies et autres tribus de l'Ouest; elle parle du rétablissement des Missions chez les cinq Nations en conséquence des expéditions Françaises de l'année précédente. Ce volume se termine par une lettre de la Révde. Mère Supérieure des Religieuses Hospitalières de Québec en la N. F. du 20 octobre 1667, 14 p.

1667-68.

(Le même) "Relation" etc. Paris. 1669. 219 p.

Après le résumé des succès obtenus dans les missions parmi les cinq Nations, nous avons dans ce volume les noms Français des différentes missions chez les Mohawks, les Onéidas, les Onondagas, les Cayugas, et les Sénécas. On y parle aussi de la mort de Arent Van Curler, si estimé les Français et des Sauvages, qui se noya dans le Lac Champlain, en allant visiter le (*) *Vice Roi* de Tracy. Elle est terminée par une lettre de Mgr. de Pétrée, premier évêque de Québec, sur l'état de son

---

(*) (Gouverneur.)

diocèse, et par une relation de la mort de la Rév. Mère Catherine *de St. Augustin.*

1668-69.

(Point de nom). " Relation " etc. Paris, 1670, 144 p.

Ce volume contient la relation annuelle des missions parmi les cinq Nations, et une lettre du Gouv. Lovelace au P. Pierron, datée du Fort James (*) 18 novembre 1668, en réponse aux pétitions des Sauvages, pour la suppression du commerce des liqueurs spiritueuses dans leur pays.

1669-70.

LE MERCIER (P. Frs.) " Relation " etc. Paris, 1671. 318 et 102 p.

Il y a trois parties dans ce volume. Les deux premières traitent des missions chez les cinq nations, des négociations pour terminer les difficultés entre les Algonquins du Canada et les Iroquois, et de la guerre de 1669, entre les Mohawks et les Mohegans, " qui habi-

---

(*) Nom donné par les Anglais au Fort de New-York.   N. du Tr.

tent les côtes près de Boston, dans la Nouvelle Angleterre." La 3e. partie est une relation des missions chez les Outaouaks, et sur le Lac Supérieur. Elle renferme une description de ce Lac, et des mines de cuivre de ses rivages, et de plus une lettre du P. Jacques Marquette sur les Illinois, les Kenoucks, les Kiskakoncks, Kilistinaux, et autres tribus de l'Ouest.

1670-71.

DABLON (P. Claude.) " Relation" etc. Paris, 1672. 189 p.

Plus amples détails sur les missions du Canada et des cinq Nations.—les Français prennent possession, au nom de leur roi, de tous les pays situés sur les grands Lacs, compris sous le nom d'Outaouaks. Ce volume se termine par d'autres détails sur les pays de l'Ouest.

1671-72.

(Le même) " Relation"; Paris, 1673, 224 p.

Avec une carte du Lac Supérieur, et autres lieux où sont les Missions des Pères de la Compagnie de Jésus, comprises sous le nom d'Outaouaks. *Il est fait mention dans l'épitre dédicatoire, d'un voyage d'exploration entrepris cette année là, pour faire une recherche pleine et exacte de la mine de cuivre trouvée récemment dans le Lac Supérieur par le sieur Péré.*

Ce volume est aussi divisé en trois parties dont la première parle de l'arrivée du Comte de Frontenac au Canada, et des Missions Huronnes et Iroquoises. La seconde traite des Missions chez les Algonquins d'en bas, et de celles des Grands Lacs (*) ; elle renferme le journal du voyage que le P. Ch. Albanel fit par terre du Saguenay à la Baie d'Hudson.

La troisième partie contient une Notice biographique de Me. de la Peltrie, fondatrice des Ursulines de Québec, et une relation de la mort de la Mère de l'Incarnation, Supérieure de cet établissement. La carte qui renferme les Lacs Supérieur, Huron, Illinois, (aujourd'hui Lac Michigan) a été reproduite par Bancroft.—U. S. Hist. Vol. III.

Quoiqu'on ait fait bien des recherches pour avoir une collection complète de ces volumes, jusqu'à présent, elles ont été infructueuses.

(*) (De la Baie d'Hudson.)

Il est très probable qu'il n'y a pas d'ouvrage dont les volumes soient aussi disséminés dans les bibliothèques. Cette circonstance a augmenté les difficultés de ceux qui désiraient les consulter.

FIN.

Pour compléter les recherches de l'Auteur de ce Mémoire sur les Relations des Jésuites en Canada, il était important de savoir si, après 1673, date de l'impression du dernier volume connu, on n'avait donné aucune suite à un travail si utile, et si ces précieux documents avaient pu arriver jusqu'à nous. Nous sommes heureux de pouvoir aider à la solution de cette question historique. Il est indubitable aujourd'hui que, quoique l'impression de ces Relations n'ait pas été au-delà de cette époque, il existe d'autres Relations manuscrites pour les années qui suivirent.

Nous voyons d'après un catalogue des manuscrits sur le Canada, conservés dans les archives du Gésu à Rome, que l'on y possède la *Relation du Canada pour* 1676, et pour 1677 : mais nous ignorons si elles sont complètes. Les autres manuscrits qu'on y trouve encore, sont des pièces détachées, qui traitent des différentes œuvres dont les Missionnaires s'occupaient alors. Elles ne forment pas un tout, et elles ne devaient sans doute servir que de matériaux à la Relation générale.

Les plus grandes richesses sur ce sujet, se trouvent encore, en Canada. Il y existe deux Relations complètes fesant suite à celle de 1672, et destinées, comme les autres, à voir le jour. L'une est la Relation de 1673, l'autre comprend une période de six années, depuis 1673 jusqu'en 1679. Elles ont heureusement échappés au pillage des archives du Collège des Jésuites de Québec. Le R. P. Casot, dernier Jésuite mort à Québec en 1800, les avait confiées avec d'autres manuscrits, à des mains pieuses, (*) qui les ont conservées longtemps comme un dépôt sacré, et qui les ont remises entre les mains des Jésuites, revenus en Canada en 1842.

Ce qui augmente le prix de ces monuments historiques, c'est qu'ils sont contemporains des faits qu'ils contiennent. Ils portent de nombreuses corrections, des notes et même des pages entières de la main du R. P. Dablon supérieur alors en Canada, qui en préparait sans doute la publication. Voici l'analyse de ces deux Relations.

1672-73.

(Sans nom d'Auteur) " Relation de ce qui s'est passé de plus remarquable aux Missions des Pères de la Compagnie de Jésus en la Nouvelle France les années 1672 et 1673. 22, 23, 87 pages."

Cette Relation a trois parties ; la 1ère sur la mission huronne près de Québec, la seconde

---
(*) Les Religieuses de l'Hôtel-Dieu de Québec.

sur les missions Iroquoises, et la troisième sur les différentes missions à l'Ouest des grands lacs. Dans cette dernière partie, qui est de 87 pages, les pages 39 et 40 manquent au manuscrit.

1673-79.

(Sans nom d'Auteur.) Il n'y a pas de titre général, mais on lit celui-ci sur le verso du dernier cahier, et de la main même du R. P. Dablon : " Relation en 1679, abrégé des précédentes."

Dès la première page, l'écrivain annonce que sa Relation embrasse une période de 6 années. Elle est distribuée en 8 chapitres, divisés eux-mêmes par paragraphes. Le second chapitre est consacré à raconter les derniers travaux et la mort héroïque du P. Marquette sur les bords solitaires du Lac des Illinois, aujourd'hui Michigan. Cette Relation passe en revue toutes les missions de l'Ouest, et entre dans de très-grands détails sur les missions des Iroquois, des Montagnais, des Gaspésiens, du Sault St. Louis et de Lorette. Elle forme 147 pages: mais malheureusement, il y manque un cahier entier, depuis la page 109 jusqu'à la page 118.

Cette dernière Relation aurait du renfermer les autres voyages du P. Marquette et surtout la découverte du Mississipi en 1673 : mais un autre Manuscrit de la même époque, qui porte le même cachet d'authenticité, nous fait comprendre cette omission. Sous le titre de " Voyage et mort du P. Marquette," il réunit dans 60 pages, les travaux qui ont immortalisé ce célèbre Missionnaire.

C'est ce curieux Manuscrit qui a fourni à Thévenot le texte de sa publication de 1687, sous le titre de " Voyage et découverte de " quelques pays et nations de l'Amérique Sep-" tentrionale par le P. Marquette et le Sr " Joliet." (*) Il est à regretter que la maladresse du copiste ne lui ait pas permis d'éviter un assez grand nombre de fautes grossières ; mais ce qui donne un plus grand prix encore au Manuscrit dont nous parlons, c'est qu'il est beaucoup plus étendu. Les causes et les préparatifs de cette expédition, y sont racontés, et on peut suivre le Missionnaire dans

―――――――――

(*) Cet ouvrage, très-rare, fesait partie de la Bibliothèque qui a malheureusement péri avec tant d'autres richesses, dans le désastreux incendie du Parlement à Montréal, le 26 avril 1849.

ses autres courses, et jusqu'à ses derniers momens en 1675.

Nous avons même eu le bonheur de trouver deux autres monumens très-précieux qui intéressent sa mémoire, et qui complettent cette richesse historique ; 1°. le journal autographe de son dernier voyage, du 25 octobre 1674 jusqu'au 6 avril 1675, un mois environ avant sa mort; et 2° la carte autographe de la découverte du Mississipi dressée par le même Missionnaire. Elle ne descend que jusqu'aux *AKansea*, terme de son voyage. La carte publiée par Thévenot, et reproduite récement par Rich, et par d'autres, n'a pas respecté cette vérité historique, sans parler des autres fautes, qu'elle contient, imputables aux graveurs ou aux éditeurs.

Outre les deux Relations susdites, et le Manuscrit sur le P. Marquette dont nous venons de parler, il existe des fragmens des Relations de 1674, 1676, 1678, et des années qui suivirent, mais ils ne forment pas un tout complet.

A tous ces documents d'un si haut intérêt pour l'histoire de ces contrées, nous sommes heureux d'en pouvoir ajouter un autre, qui n'était connu jusqu'ici dans notre langue que par le nom de son Auteur, un des héros apostoliques de cette époque reculée, et par les éloges justement mérités que lui a accordés le P. de Charlevoix, dans son *Histoire de la Nouvelle France.*

C'est la *Relation* écrite en italien par le P. François Joseph Bressani, et imprimée à Macerata, en 1653. Cet ouvrage devenu très-rare, était à cause de son idiôme, très-peu connu hors de l'Italie. Il n'en existait aucun exemplaire en Amérique jusqu'à ces dernières années. On doit en publier prochainement une traduction en anglais et en français, si les amis de l'histoire veulent l'encourager. Cet ouvrage mérite surtout un rang distingué dans les Annales de l'Amérique, comme source de son histoire religieuse.

La reconnaissance, une amitié qui nous honore, et je pourais dire la justice, nous font un devoir de mentionner ici le nom du Lieut. Col. Jac. Viger, 1er Maire de Montréal. C'est à lui que nous devons une partie des correction introduites dans ce Mémoire Anglais. Il est difficile aujourd'hui de traiter à fond une question qui intéresse notre Histoire, surtout s'il s'agit des noms-propres et des dates, sans avoir recours à ses précieux documents et à sa judicieuse critique.

Nous indiquerons de préférence, parmi ses travaux historiques, celui qui nous a le plus aidé, et qui lui a déjà coûté tant de veilles longues et laborieuses. C'est un examen consciencieux et raisonné de la Liste(1) du Clergé du Canada, publiée à Québec en 1834. Le Dr. O'Callaghan en citant lui-même ce document, sur lequel plusieurs écrivains ont cru pouvoir s'appuier à cause du caractère semi-officiel dont il est revêtu, en a fait une sévère, mais juste appréciation (p. 24 et 30). Pour montrer qu'elle n'est pas exagérée, il nous suffira, dans l'intérêt de l'histoire, de mettre sous les yeux des lecteurs, quelques uns des résultats recueillis par notre savant Canadien.

Sur les 1290 noms propres, inscrits dans ce tableau qui embrasse 222 ans, c'est-à-dire depuis 1611 jusqu'en 1833, M. Viger n'en a encore fait passer que 800 à l'examen de son

---

(1) Liste chronologique des Evêques et des Prêtres, tant séculiers que réguliers, employés au service de l'Eglise du Canada, depuis l'établissement de ce pays.—Revue au Secrétariat de l'Evêché de Québec.—1834.

inflexible critique, et déjà il a relevé les erreurs suivantes :

348—Noms propres dénaturés ou mal orthographiés.
306—Dates fausses.
30—Noms entièrement inconnus dans l'histoire.
70—Noms omis.
―――
754

Des erreurs si nombreuses et si graves dans un document de 64 pages, ne peuvent s'expliquer que par l'excès de confiance donné jusqu'à ce jour à un ouvrage considérable, resté manuscrit, dont celui-ci n'est que l'analyse très succincte. Nous parlons de l'*Abrégé chronologique et historique de tous les prêtres, tant séculiers que réguliers, qui ont déservi le Canada et ensuite ce Diocèse, depuis sa découverte jusqu'à nos jours, ou de 1611 à 1828, par le Rév. M. Fr. X. Noiseux Prêtre, Gr. Vicaire du Diocèse de Québec. 2 Vol. in 4.*

Il est facile de s'apercevoir à la lecture de cet ouvrage, que le zèle le plus pur, et les intentions les plus droites ont été mal servies par la critique. Des incorrections de tout genre, des contradictions, des dates fausses, des faits controuvés s'y rencontrent presque à chaque page, et ont déjà donné lieu à la propagation de plus d'une erreur historique, que fesait adopter sans hésitation l'autorité d'un nom respectable. M. Viger, en poursuivant son intéressant examen, nous donnera plus qu'une critique savante, il fera un ouvrage entièrement neuf, précieux pour l'Eglise du Canada, et digne de toute la confiance des vrais amis de l'histoire.

N. B.—Le texte enfermé entre des guillemets dans les pages 17, 18, 27, 35, 39, 40, 41, 52, 56, et les additions à partir de la page 61e, auraient dû être en italique.

www.ingramcontent.com/pod-product-compliance
Lightning Source LLC
LaVergne TN
LVHW051512090426
835512LV00010B/2499